Celibato

ERNST BURKHART

Celibato

EDICIONES RIALP

MADRID

© 2024 *by* Ernst Burkhart
© 2024 *by* EDICIONES RIALP, S. A.,
   Manuel Uribe 13-15, 28033 Madrid
   (www.rialp.com)

Preimpresión: produccioneditorial.com

ISBN (edición impresa): 978-84-321-6745-4
ISBN (edición digital): 978-84-321-6746-1
ISBN (edición bajo demanda): 978-84-321-6747-8
ISNI: 0000 0001 0725 313X
Depósito legal: M-7126-2024

Impreso en España   *Printed in Spain*

Anzos, S. L. - Fuenlabrada (Madrid)

ÍNDICE

PRESENTACIÓN

El autor de estas líneas lleva 50 años de sacerdocio y se incorporó hace 60 años al Opus Dei como Numerario. Vive por tanto desde hace bastante tiempo una vida célibe conforme al espíritu de esta prelatura personal de la Iglesia católica que ayuda a sus miembros, hombres y mujeres, sacerdotes y laicos, casados y célibes, a buscar la santidad dentro del mundo, a través del cumplimiento de los deberes de cada día, apoyados en la gracia de Dios y en los medios sin los cuales la búsqueda de una vida cristiana coherente sería utopía: oración, sacramentos, mortificación, dirección espiritual.

Hace muchos años, cuando trabajaba como profesor de religión en un colegio, entre clase y clase se me acercó un día el profesor de religión luterana, un señor ya entrado en años y de considerable prestigio, para decirme en voz baja: «Señor colega, cuando Vd. un día tenga que decir algo en la Iglesia, por favor, no suprima el celibato». Y, para aclarar su pensamiento, añadió: «Nosotros no lo tenemos, y tampoco encontramos gente para la cura de almas».

1. ¿QUÉ SUCEDE CON EL CELIBATO?

HA PASADO MUCHO TIEMPO desde que se pronunció ese comentario. Como entonces, el autor tampoco ahora tiene nada que decir en la Iglesia y nunca se ha tenido que enfrentar personalmente con una eventual abolición del celibato. Pero constata que el celibato, aunque no haya sido abolido, parece estar en peligro de extinción. Dejando de lado los interminables ruegos a poner fin al "celibato forzoso" de los clérigos en la Iglesia latina (o de proceder al menos a su progresivo relajamiento) y haciendo caso omiso de la obligada aclaración de que el celibato sacerdotal no es de derecho divino y puede ser por tanto suprimido sin dificultad, se registra (al menos en el mundo occidental) un continuo desaparecer de las formas de vida célibe. Después del Concilio Vaticano II —aunque la tendencia se ha ido mitigando— miles de sacerdotes abandonaron su ministerio y el número de seminaristas ha bajado dramáticamente. Las congregaciones religiosas de mujeres (que siempre habían sido más numerosas que las de varones) han perdido muchísimas vocaciones y están, en el primer mundo, a punto de desaparecer. En casi todas partes ya no son capaces de seguir prestando sus servicios, admirados y muy valorados, en colegios y hospitales. Se cierran conventos, monasterios y abadías, algunas después de siglos de existencia. Las órdenes religiosas fusionan sus centros de formación y reestructuran sus provincias, y los seminarios están vacíos.

¿Nos hemos de preparar a que en un futuro muy próximo ya no existan aquellas personas generosas, sensatas y piadosas que, por su vida de oración y su entrega a Dios, nos hacían entender que aquí estamos de paso, que hay algo más importante que el triunfo profesional, el acopio de bienes y el disfrute del placer? ¿No habrá ya esos hombres y mujeres, con sus defectos ciertamente, pero dispuestos a dar la vida, a ayudar, a orientar, a consolar?: ese sacerdote anciano, siempre disponible en el confesonario, esa buena monja que con su sola presencia nos hacía entender que Dios no se olvida de sus criaturas, ese joven profesor, médico o banquero, volcado en la atención de sus alumnos, pacientes o clientes, del que sabíamos que vivía el celibato apostólico, y que ayudaba con su competencia, su exigencia y sus consejos... ¿todo eso va a desaparecer? ¿Cómo es posible?

A ese panorama se añade un fenómeno curioso. Muchos hombres y mujeres que viven, como sacerdotes o laicos, una vida de celibato y están felices con su vocación, tienen la sensación, de ordinario más bien inconsciente, de que los jóvenes de hoy son incapaces de entregarse de por vida a Dios. Esta juventud blanda —así piensan, sin confesarlo quizá del todo—, dedicada a las diversiones, atontada por la presión del mundo electrónico, envenenada por la exaltación de una sexualidad desmedida que penetra todo, no puede ya —son el joven rico del siglo xxi— acoger la invitación cariñosa del Maestro, de dejarlo todo y seguirle. «En nuestra época las cosas eran diferentes». Así piensan y no se dan cuenta de que este juicio demuestra poca fe y esconde quizá algo de soberbia.

¿Ha dejado de tener sentido el celibato? La cristiandad, después de dos mil años de tener en alta estima la virginidad por el Reino de los Cielos, ¿ha de prepararse a su desaparición? ¿Es posible que uno de los signos más extraordinarios de grandeza cristiana se extinga? ¿Ha pasado de moda el ideal de la virginidad y del celibato por el Reino de los Cielos?

¿O ha llegado quizá la hora de desprenderse de una forma de vida aberrante y "antinatural"? Ejercer la genitalidad de manera descontrolada parece haberse convertido en la meta final del empeño por liberarse de los prejuicios de una moralidad represiva. No debe haber límite para el goce sensual. A los niños de primaria ya se les enseña a superar su pudor, y los adolescentes pasan vergüenza si no pueden presumir con sus "experiencias". El matrimonio como marco estable de la unión de hombre y mujer para la transmisión de la vida, base de la familia y de la sociedad, se tambalea. Se ha eliminado legalmente su indisolubilidad, y no poca gente, incluidos bastantes católicos creyentes, consideran el divorcio civil un logro de nuestra civilización. El número de matrimonios disminuye y se cuestiona la misma conveniencia de la unión conyugal permanente. En algunos países la legislación considera matrimonio la unión temporal económico-afectiva de dos personas de sexo discrecional. Ante este panorama, ¿no está completamente fuera de lugar hablar de castidad y, menos aún, de una renuncia voluntaria a la actividad sexual? ¿No es ridículo hablar de la continencia perfecta como de un posible ideal?

2. A LA BÚSQUEDA DE UNA RESPUESTA CRISTIANA

Si buscamos una respuesta cristiana a esa pregunta, hemos de acudir, como es lógico, a las fuentes de nuestra religión. Quien está convencido de la credibilidad histórica de los Evangelios —y es difícil negarla ante los logros de los múltiples estudios realizados—, concederá que Jesús de Nazaret no estaba casado. Él no descalifica ni menosprecia el matrimonio; es más, prohibiendo el divorcio le devuelve la dignidad original que le confirió el Creador, pero al mismo tiempo considera un don particular la renuncia al matrimonio por el Reino de los Cielos.

Leyendo el Evangelio, no ya como mera fuente histórica sino como testimonio de Revelación divina, enseguida se cae en la cuenta de que Jesús no solo vive una vida célibe, sino que su venida al mundo se ha producido por concepción y parto virginal. El Hijo de Dios, para comunicar a la humanidad la verdadera vida, no ha querido servirse del matrimonio, aunque lo reconoce como una institución de la creación. Y la Iglesia admira a María —y la honra más que a todas las demás criaturas— no sólo por su maternidad divina sino también por su perpetua virginidad. Se trata de hechos a los que frecuentemente no se alude en los debates sobe el celibato, pero que no pueden ignorarse en una consideración teológica.

Además, la Iglesia se nos muestra en los escritos del Nuevo Testamento en diferentes contextos, desde los Evangelios hasta el Apocalipsis, como la novia del Rey, cuyo banquete nupcial es preparado por el Padre. Como virgen sin mancilla es presentada al Cordero que quita los pecados del mundo. Cristo es el esposo y su esposa es la Iglesia, al mismo tiempo virgen y madre fecunda.

Son elementos que no pueden considerarse meros ornamentos superfluos. El Dios-Hombre no se casa, su madre es virgen, la Iglesia virgen espera a su esposo: todo esto hace sospechar que la renuncia al matrimonio forma de algún modo parte del misterio de nuestra redención. Si el Vaticano II enseña que el Espíritu Santo dota a la Iglesia no solo de *dones jerárquicos* —que, sobre la base de los sacramentos, le confieren su estructura sagrada— sino que la adorna también con una multitud de *dones carismáticos*, es obvio que la virginidad por el Reino de los Cielos es uno de esos carismas que Dios le está regalando desde hace dos mil años. Como a partir del día de Pentecostés hay jerarquía, hay también, desde el principio, muy variados dones que vivifican y rejuvenecen de continuo la vida de la Iglesia. Entre ellos, el celibato ocupa sin duda un lugar preponderante. Es de suponer que es esencial para la Iglesia. Y si es así, su Fundador, que la ha edificado indestructiblemente sobre la roca de Pedro, no permitirá tampoco que las puertas del infierno le arrebaten el carisma de la virginidad.

Pero ¿en qué reside la grandeza de este carisma? ¿Por qué y en qué sentido supera al matrimonio? ¿No es el matrimonio un sacramento, signo eficaz de la gracia, instituido por Cristo, mientras que la renuncia al matrimonio no lo es? ¿No implica el reciente redescubrimiento de la llamada universal de los bautizados a la santidad, que no es necesario prescindir del matrimonio para llegar a la cumbre de la perfección cristiana?

Tocamos aquí un punto importantísimo, que tiene mucho que ver con la espiritualidad del Opus Dei y el mensaje de su fundador. Cuando Josemaría Escrivá comenzó a predicar, a partir del año 1928, que no es necesario abandonar el mundo para llegar a la plenitud del amor de Dios, dejó claro desde el principio que la búsqueda de la santidad no solo es posible dentro del matrimonio, sino que el mismo matrimonio puede ser camino de santidad. Algunos se extrañaron, otros lo tomaban por loco y unos cuantos le tachaban de hereje. Su mensaje, que sigue estando en la base de la labor evangelizadora del Opus Dei, era que las realidades terrenas —profesión, familia, empeño social— no son obstáculo para la unión con Dios, sino que constituyen precisamente el lugar, el medio y la materia de la búsqueda de la santidad. Esta convicción se aplica también al matrimonio, que es, para una persona corriente, el modo de vida al que aspira para cumplir el encargo del Creador: «Creced y multiplicaos, y llenad la tierra» (Gen 1,28).

Para san Josemaría no resultó fácil convencer a la Santa Sede en los años 1940 de que al Opus Dei pertenecerían no solo personas que renuncian al matrimonio (era inicialmente la única opción jurídica que se permitía), sino que este camino debería estar abierto también a los casados, ya que viven —igual que los miembros célibes— una dedicación total de su vida a Dios. Como entrega de todas las facetas de la existencia en medio del mundo, no es en nada inferior a la que hacen los célibes; han recibido la misma vocación a la santidad —no hay santidad "de segunda categoría", solía explicar el fundador—, ya que en todas las circunstancias de su vida "los espera Dios". La única diferencia respecto a los miembros célibes de la Obra —los Numerarios y Agregados— consiste en que los Supernumerarios, que de ordinario están casados, no están disponibles más que de modo limitado para cuestiones de organización y formación. El motivo es obvio. Sería un contrasentido que el Opus Dei, confiándoles tareas adicionales, les impidiera el cumplimiento ejemplar de sus deberes prioritarios en el seno de la familia, pues esas ocupaciones, en lugar de ayudarles, les dificultarían alcanzar la santidad en su propio estado.

El mensaje de la llamada universal a la santidad, que el Concilio Vaticano II consideró un punto clave de su enseñanza sobre la Iglesia, defiende que es posible llegar a la plenitud de la vida cristiana también en el matrimonio. El Opus Dei, que ha tenido no poco que ver con ese "descubrimiento" hecho por la Iglesia universal en el siglo XX, subraya por tanto, siguiendo las enseñanzas de su fundador, la "unidad de vocación" de todos sus miembros. No hay categorías de pertenencia. Que una persona sea Numerario, Agregado o Supernumerario depende solamente de los elementos determinantes de su situación en el mundo, desde las que percibe si Dios la llama a servirle en el matrimonio o en una de las formas de vida célibe que el Opus Dei conoce. Así como los sacerdotes no están llamados a una santidad más alta que los laicos —ya que la santidad, como unión con Cristo en la plenitud del amor, es el ideal al que aspiran todos—, así los miembros que no se sienten llamados al celibato no piensan de ninguna manera que Dios "les pide menos". Porque también a ellos Dios les exige "todo", en las circunstancias concretas de su vida profesional y familiar dentro del mundo.

Pero, si es posible hacerse santo en el matrimonio, ¿qué sentido tiene entonces privarse de ese modo natural de construir la vida de los hombres? ¿Qué razón puede haber, para una persona que tiene deseos de pertenecer a Dios, la renuncia al matrimonio, si este es camino de santidad? ¿No es la búsqueda de una vida de completa adhesión a la voluntad divina dentro del matrimonio un ideal altísimo y precioso? ¿No puede ser la constitución de una familia una decisión incluso más heroica y, por eso, más meritoria ante Dios, que una vida libre de los múltiples desafíos que plantea una familia quizá muy numerosa? ¿No pierden la virginidad o el celibato ante este ideal todo su atractivo?

Con eso hemos señalado el "problema" que nos ocupará en estas páginas. ¿Cuál es origen del celibato? ¿Por qué lo colocan la Iglesia y su Magisterio, desde siempre, por encima del matrimonio? Y si es realmente un don divino tan alto, ¿por qué no nos atrevemos a presentarlo con la ilusión que merece? ¿Por qué no hacemos "propaganda" de la virginidad por amor de Jesucristo? ¿Por qué no damos gracias a Dios, si acá y allá, quizá a nuestro lado, un alma recibe esa vocación? ¿Por qué tenemos miedo al recordatorio de nuestro último destino que implica (¡para todos los fieles!) la virginidad?

3. FUNDAMENTACIÓN BÍBLICA

Ya se ha mencionado el hecho de que Jesús no contrajo matrimonio y que nació de una virgen. Él mismo nos dice además que hay seres humanos que por naturaleza son incapaces de casarse, otros a los que los hombres han despojado de esa capacidad, y existen también los que, por el Reino de los Cielos, «se han hecho eunucos a sí mismos», como dice literalmente el famoso pasaje de san Mateo. «Quien sea capaz de entender, que entienda» (Mt 19,12). Así termina Jesús la conversación con los fariseos sobre el divorcio, en la que restablece la original indisolubilidad del matrimonio. A sus discípulos, sorprendidos y preocupados, les aclara que, con su gracia, se supera no solo la "dureza del corazón" que había llevado a la tolerancia del divorcio, sino que el hombre se hace capaz de abstenerse completamente del ejercicio de la sexualidad, por un motivo sobrenatural, supuesta una particular llamada divina.

Hay otras palabras del Señor que muestran el valor que, para Él, tiene la renuncia al matrimonio por el Reino de los Cielos. Pedro ha preguntado por la recompensa que recibirán los que han dejado todas las cosas para seguirle. Los evangelistas san Mateo y san Marcos redactan la respuesta de modo que el Señor promete el ciento por uno y finalmente la vida eterna a los que por su nombre se desprendan de casa, hermanos y hermanas, padre, madre, hijos y campos. San Lucas trasmite lo dicho por Jesús de modo más breve pero, entre los ejemplos de generoso desprendimiento, menciona en lugar destacado la esposa:

> «Os aseguro que no hay nadie que haya dejado casa, o mujer, o hermanos, o padres, o hijos por causa del Reino de Dios, que no reciba mucho más en este mundo, y en el siglo venidero, la vida eterna» (Lc 18,28-30).

En la vida de Jesús hay, además, un fenómeno que muestra, sin palabras, el valor que da al hecho de seguirle con una total disponibilidad: la vocación de los discípulos. Cuando, entre el gran número de los que le acompañan desde hace bastante tiempo, elige a setenta y dos de ellos para enviarlos delante de Él y preparar su llegada a los lugares a las que tiene previsto acudir (cfr. Lc 10,1), habrá que suponer que estos hombres, si estaban casados, no podían llevar consigo a sus esposas y sus hijos. Y las mujeres que seguían a Jesús —conocemos en parte sus nombres, y parece que en su mayoría estaban casadas (cfr. Lc 8,2-3)— tampoco podían dejarse acompañar por sus maridos. No se les exigía de por sí que fueran célibes, pero quien se decidía a seguir a Jesús tan de cerca, tenía que ajustar sus compromisos familiares a esas nuevas exigencias. Uno que se le ofrecía como discípulo, pero quería enterrar todavía a su padre, escucha de la boca del Maestro un aviso claro y duro: «Deja a los muertos enterrar a sus muertos; tú, vete a anunciar el Reino de Dios» (Lc 9,60).

Las palabras de Jesús y su actitud ante los discípulos parecen revelar, a pesar de la estima que manifiesta por el matrimonio, que la renuncia a los lazos familiares por su nombre le resulta particularmente grato, y san Pablo confirma plenamente esa impresión. Las enseñanzas del Apóstol en este sentido se encuentran sobre todo en el capítulo 7 de la Primera Carta a los Corintios, donde contesta una serie de preguntas referentes al matrimonio, la virginidad y la viudez, que esta comunidad recién evangelizada le había formulado. Se ve que san Pablo, durante el año y medio que había pasado en esta ciudad, conocida por su inmoralidad, había predicado mucho y con energía sobre la virtud de la castidad en general y sobre la continencia en particular.

No todo lo que dice en este capítulo es fácil de comprender, y hay algunos pasajes que no son interpretados del mismo modo por los especialistas. Fuera de duda queda, de todas formas, la convicción del Apóstol de que la renuncia al matrimonio tiene ante Dios mayor valor que el matrimonio mismo. Basta citar los versículos en los que expone esta idea y en los que afirma que él mismo lleva una vida célibe. En el mismo inicio del capítulo escribe: «Más vale al hombre no tocar a una mujer» (1 Cor 7,1). Presenta después el matrimonio como situación ordinaria de los fieles y da a los esposos el consejo:

> «No privéis al otro de lo que es suyo, a no ser de mutuo acuerdo, durante algún tiempo, para dedicaros a la oración; y de nuevo volved a vivir como antes, para que Satanás no os tiente por vuestra incontinencia. Esto lo digo como condescendencia, no como mandato. Me gustaría que todos los hombres fuesen como yo; pero cada cual tiene de Dios su propio don, uno de una manera, otro de otra» (1 Cor 7,5-7).

Califica al matrimonio en este lugar —y es un dato de gran importancia— de don (carisma), lo mismo que llama carisma al celibato. Sin embargo, es obvio cuál de los dos carismas valora más, cuando aconseja a los célibes mantenerse en ese estado, y cuando prefiere, en principio, que las personas viudas no se casen de nuevo, aunque no prohíbe las segundas nupcias: «A los no casados y a las viudas les digo que más les vale permanecer como yo. Y si no pueden guardar continencia, que se casen; mejor es casarse que abrasarse» (1 Cor 7, 8-9).

Sigue una digresión sobre el supuesto de una persona casada, cuando después de su bautismo, la parte pagana no la deja continuar pacíficamente el matrimonio —aquí está la base del llamado "privilegio paulino", que permite la disolución, a favor de la fe, de un matrimonio contraído entre paganos—, y después de un comentario sobre la conveniencia de que cada uno persevere en el estado en el que le ha alcanzado la vocación, vuelve a nuestro tema. La cita es larga, pero para nuestro propósito no permite ser abreviada. En esas palabras se encuentra, dicho sea de paso, el fundamento para la distinción, tan importante para el pensamiento eclesial, entre "consejos" y "mandamientos":

> «En cuanto a la virginidad, no tengo precepto del Señor, pero doy un consejo, como quien, por la misericordia del Señor, merece confianza. Así pues, considero que, por la presente necesidad, más le vale al hombre permanecer como está. ¿Estás unido a una mujer? No busques la separación. ¿No estás unido a una mujer? No busques mujer. Si te casas, no pecas, y si una virgen se casa, no peca. Sin embargo, así tendrán la tribulación de la carne,

que yo querría evitaros. Hermanos, os digo esto: el tiempo es corto. Por tanto, en lo que queda, los que tienen mujer, vivan como si no la tuvieran; y los que lloran, como si no llorasen; y los que se alegran, como si no se alegrasen; y los que compran, como si no poseyesen; y los que disfrutan de este mundo, como si no disfrutasen. Pues la apariencia de este mundo pasa. Os quiero libres de preocupaciones» (1 Cor 7, 25-32a).

Señalar la "tribulación de la carne" y las "preocupaciones" que tienen que afrontar los que contraen matrimonio, le lleva a explicar la superioridad de una vida célibe respecto de la vida matrimonial:

«El que no está casado se preocupa de las cosas del Señor; el casado se preocupa de las cosas del mundo, de cómo agradar a su mujer, y está dividido. La mujer no casada y la virgen se preocupan de las cosas del Señor, para ser santas en el cuerpo y en el espíritu; la casada, sin embargo, se preocupa de las cosas del mundo, de cómo agradar a su marido. Os digo esto solo para vuestro provecho, no para tenderos un lazo, sino en atención a lo que es más noble y al trato con el Señor, sin otras distracciones» (1 Cor 7,32b-35).

Subraya después, de nuevo, que el matrimonio no es algo prohibido, pero que la persona que se encuentra ante la opción de casarse o de quedarse célibe por amor de Dios, actúa mejor si no se casa; y que a la viuda le es lícito contraer nuevas nupcias, pero que será más feliz si prescinde de una nueva unión. Con eso, san Pablo termina el capítulo diciendo: «Pienso que yo también tengo el espíritu de Dios» (1 Cor 7, 40).

Este último comentario refleja probablemente la conciencia que el Apóstol tiene del misterio de la predestinación en Cristo y de la libertad con la que Dios dispensa sus dones, cuestión que en todas las consideraciones sobre matrimonio y celibato juega un papel decisivo. El celibato por el Reino de los Cielos exige una libre elección del hombre, pero supone en primer lugar una elección de Dios. Por qué Dios concede este don a unos y no a otros es un misterio que se esconde en la profundidad de las almas.

La predilección del Apóstol por la continencia se refleja también en las indicaciones que da a su discípulo Timoteo sobre el modo de tratar a las viudas. Para que una viuda pueda ser registrada en el grupo, de algún modo institucionalizado, que las reunía en las iglesias nacientes, no solo ha de tener una cierta edad (más de sesenta años) y distinguirse por sus virtudes, sino que debe haber estado casada solamente una vez (cfr. 1 Tm 5,3-16). Su sentido práctico y alguna experiencia triste le han enseñado que conviene que las viudas más jóvenes contraigan nuevo matrimonio, sigan teniendo hijos, cuiden de sus familias «y no den pie a la murmuración del adversario» (1 Tm 5,14).

La norma apostólica que prescribía que las mujeres pertenecientes al estado oficial de las viudas no debían haberse casado antes una segunda vez, encuentra un paralelismo llamativo en el mandato del Apóstol de que se admita como candidatos a la ordenación de diáconos, presbíteros y obispos solo a hombres que lo han sido «de una sola mujer» (1 Tm 3,2.12; Tt 1,6). El hombre que después de la muerte de su esposa se hubiese casado de nuevo, no podía recibir el sacramento del orden. Como es lógico —y sigue siendo ley incluso en las iglesias de Oriente—, ningún varón, una vez ordenado, podía casarse. Investigaciones más recientes ven en esta ley del Apóstol un indicio de la llamada "*continentia clericalis*": de un precepto general que prohibía a los ordenados el uso del matrimonio y que, con altísima probabilidad, traía su origen de los mismos Apóstoles. Si san Pablo aconseja a los esposos, como hemos visto, abstenerse alguna vez de común acuerdo del acto matrimonial para dedicarse a la oración, era sumamente conveniente —es el argumento que dan algunos sínodos de la antigüedad— que el sacerdote (que ha de llevar una vida de oración continua) viviera también continuamente continente. Si incluso a los sacerdotes del Antiguo Testamento, que lo eran por descendencia de la tribu de Leví, se les pedía continencia durante los días de su misterio en el templo, el ministro del Nuevo Testamento, que ejerce su sacerdocio no solo en determinadas temporadas sino continuamente, por participar del sacerdocio eterno de Jesucristo, debe vivir una continencia perfecta, a semejanza de su Señor, que se entrega a Sí mismo para santificar a su esposa, la Iglesia.

El Concilio Vaticano II, en su Decreto sobre el ministerio y la vida de los presbíteros (*Presbyterorum ordinis,* 16), parte de la opinión, entonces aún común, de que el celibato sacerdotal obligatorio tenía su origen en una legislación eclesiástica temprana. Y lo afirma, sobre todo, para no tener que oponerse al "*clerus uxoratus*" de las iglesias orientales. Las investigaciones que se han llevado a cabo desde entonces han demostrado que imponer una ley de este calibre hubiera sido imposible (¡la resistencia hubiera sido inmediata y feroz!), si los fieles no supieran, desde tiempos inmemoriales, que un sacerdote de Cristo ha de vivir como si no tuviera mujer. La continencia clerical debe haber sido una norma universal fundada en la costumbre, antes de ser prescrita por las leyes positivas de los sínodos y del Romano Pontífice.

Como es fácil de imaginar, muy pronto se vio que era más sencillo admitir al sacramento del orden solamente a hombres que se sentían llamados al celibato, en lugar de pedir a los casados que se separasen, de común acuerdo, de sus legítimas esposas, previendo para ellas un decoroso sustento. Seguir viviendo en el mismo hogar "como hermano y hermana" era algo impracticable, y el primer Concilio ecuménico (Nicea 325) sacó la consecuencia disciplinar para la Iglesia universal, prohibiendo al clero de órdenes mayores convivir con mujeres "sospechosas".

Esta altísima consideración de la continencia se insinúa también en otros textos del Nuevo Testamento, como por ejemplo cuando las vírgenes necias y las prudentes de la parábola esperan al esposo, o cuando la Iglesia es presentada como esposa virginal y Jesucristo como su esposo. Nos pueden bastar dos ejemplos de especial calado.

Uno es la respuesta del Señor a los saduceos que le presentan el caso artificial de una mujer que, después de la muerte de su marido y ateniéndose a la ley del levirato, ha sido tomada como esposa por sus hermanos, uno tras otro. ¿De cuál de ellos sería esposa después de la resurrección?, preguntan sus adversarios, para poner en ridículo la fe en la resurrección de los muertos. San Lucas nos transmite las palabras del Señor de la siguiente forma:

> «Los hijos de este mundo, ellas y ellos, se casan; sin embargo, los que son dignos de alcanzar el otro mundo y la resurrección de los muertos, no se casan, ni ellas ni ellos. Porque ya no pueden morir otra vez, pues son iguales a los ángeles e hijos de Dios, siendo hijos de la resurrección» (Lc 20,34-36).

Aunque con eso no se dice nada sobre el celibato, sí se pone de manifiesto que el matrimonio es una institución del tiempo terrestre que no existe en el más allá. Con la resurrección de la carne se producirá una espiritualización de la materia (cfr. 1 Cor 15,44), de modo que la vida humana ya no se transmite, como tampoco se transmite la vida de los ángeles. Esa realidad celestial futura se anticipa —así podemos concluir— de algún modo en la vida de los célibes.

A la vida futura se refiere también el texto del Apocalipsis que habla del séquito del Cordero. Aquí no se trata de que los ciudadanos del Cielo ya no se casan, sino de que los que han renunciado al matrimonio en la tierra están particularmente cercanos al Redentor:

> «Entonces, en la visión, el Cordero estaba en pie sobre el monte Sion y con él, ciento cuarenta y cuatro mil, que llevaban escrito en la frente el nombre de él y el nombre del Padre. Y oí una voz del cielo, semejante al ruido de muchas aguas y al estruendo de un gran trueno. La voz que oí era como el canto de citaristas que tañían sus cítaras,

cantando un cántico nuevo delante del trono y delante de los cuatro seres y de los ancianos. Y ninguno podía aprender el cántico más que aquellos ciento cuarenta y cuatro mil, que fueron rescatados de la tierra. Estos son los que no se mancillaron con mujeres, porque son vírgenes. Estos son los que siguen al Cordero dondequiera que vaya. Estos han sido rescatados de entre los hombres como primicias para Dios y para el Cordero» (Ap 14,1-4).

Estos pasajes del Nuevo Testamento muestran a las claras que a Dios, que ha instituido el matrimonio para la transmisión de la vida humana, le es particularmente agradable quien prescinda de él por amor suyo. Entre los carismas conferidos por el Espíritu Santo que menciona san Pablo (sabiduría, don de lenguas y de milagros, discernimiento de espíritus, etc.: cfr. 1 Cor 12,8-10.28-31), se da una cierta jerarquía, pues, de otro modo, el Apóstol no exhortaría a «aspirar a los carismas mejores» (cfr. 1 Cor 12,31). A todos esos dones la Teología los denomina *"gratiae gratis datae"*, porque no santifican en primer lugar al que los recibe, sino que son concedidos «para provecho común» (1 Cor 12,7): para la edificación de la Iglesia. Se distinguen así de lo que se llama, en sus diversas formas, *"gratia gratum faciens"*: la gracia que hace agradable a los ojos de Dios a la persona como tal. A este género de gracias pertenecen la gracia santificante, las virtudes teologales y los dones del Espíritu Santo. Para san Pablo el matrimonio es un carisma (muy frecuente), y el celibato también es un carisma (menos frecuente), siendo este último de más alto rango. Los dos carismas son dádivas del Espíritu, y tanto el uno como el otro no tendrían valor sin la caridad, que supera a todos los carismas. San Pablo la alaba en su famoso himno, precisamente a continuación del discurso sobre los carismas:

> «Aunque hablara las lenguas de los hombres y de los ángeles... aunque tuviera el don de la profecía y conociera todos los misterios... aunque repartiera todos mis bienes y entregara mi cuerpo para dejarme quemar, si no tengo caridad, de nada me aprovecharía» (1 Cor 13,1-3).

4. FORMAS DE VIDA CÉLIBE

CORRIENTEMENTE SE ENTIENDE por celibato el hecho de que el sacerdote católico de la Iglesia latina no tenga mujer. Esta ley parece que se remonta a la obligatoria continencia de los clérigos, vigente ya desde los inicios de la Iglesia. Por la Sagrada Escritura nos consta que san Pedro estaba casado, pues los Evangelios mencionan a su suegra. De los demás Apóstoles se supone lo mismo, a excepción de san Juan. Los jóvenes que, respondiendo a la invitación del Maestro, le seguían como discípulos, dejaban atrás no solo los bienes que poseían, sino, en su caso, también las esposas y la familia.

San Pablo, que vivía célibe, se defiende en una ocasión de sus críticos, usando el siguiente argumento: «¿No tenemos derecho a llevar con nosotros una mujer hermana, como hacen los demás apóstoles, y los hermanos del Señor y Cefas?» (1 Cor 9,5). De lo que se deduce que los Apóstoles y sus colaboradores no se movían en sus viajes misioneros en compañía de sus propias mujeres, sino que se servían de la ayuda de cristianas piadosas, que les asistían en los asuntos de la vida diaria. Esta continencia sacerdotal espontánea llevó poco a poco, como hemos visto, a que se dejara de conferir el sacramento del orden a varones casados y se administrara solamente a hombres que habían recibido el carisma de la continencia perfecta.

Las afirmaciones del Señor y del Apóstol de las gentes que hemos analizado, no se refieren al celibato sacerdotal, sino a la virginidad o a la renuncia al matrimonio en general. Algunos de los primerísimos padres de la Iglesia —ya en el siglo II, Atenágoras y san Justino— testimonian que en su época había muchos cristianos corrientes, hombres y mujeres que, por amor al Señor, no se habían casado y llevaban una vida ascética más exigente, sin distinguirse de los demás ciudadanos cristianos. Uno de los primeros siete diáconos, Felipe, «tenía cuatro hijas vírgenes que profetizaban» (Hch 21,9). Son el primer ejemplo de este fenómeno, ofrecido por el Nuevo Testamento. De forma organizada, la vida célibe aparece más tarde, pero desde los comienzos hay individuos cristianos comprometidos con la virginidad, con el celibato, para seguir a Cristo más de cerca y servir así a la Iglesia. Además, a lo largo de la historia, ha habido muchas mujeres que no se casaban, para llevarle la casa al hermano sacerdote. Piénsese, para poner ejemplos conocidos de nuestros días, en Carmen Escrivá, la hermana del fundador del Opus Dei, o en Maria Ratzinger, la hermana de quien más tarde iba a ser Benedicto XVI.

Las formas originarias de la renuncia al matrimonio por el Reino de los Cielos han sido, por tanto, la continencia de los clérigos, por un lado, y por el otro, la virginidad voluntaria de algunos cristianos laicos, que se sentían llamados a una vida célibe.

Solo a inicios del siglo IV, cuando ya cesaron las persecuciones, nació la vida eremítica, que en su desarrollo dio lugar a diversas formas de monacato y a ulteriores variantes de vida consagrada, que hasta nuestros días han marcado profundamente a la Iglesia. En todas ellas no solo se observa la castidad perfecta, sino también la pobreza y la obediencia: los llamados consejos evangélicos, a los que se obligan los religiosos mediante los votos que profesan. Estos votos públicos son el fundamento y la característica principal de un estado propio en la Iglesia, que pertenece indefectiblemente a su vida y santidad, como ha reconocido el último Concilio, sin formar parte de su estructura jerárquica (*Lumen gentium*, 44).

Efectivamente, los religiosos marcan la historia de la Iglesia. Durante siglos hay una riquísima floración de la vida consagrada a Dios por parte de hombres y de mujeres: ermitaños, monjas, frailes..., en órdenes y congregaciones con multitud de finalidades espirituales y apostólicas bien diversas. Lo que da unidad a esa forma de vida es, al menos en su comprensión originaria, la huida del mundo (*fuga saeculi*): un cierto apartarse de la sociedad, que se manifiesta externamente por la profesión pública de los votos y por el hábito religioso. La misión eclesial de esta forma de vida es en todo caso —e independientemente de los fines que persigue la persona consagrada o la comunidad a la que se adhiere— el "testimonio escatológico": manifiesta a las claras que aquí abajo no tenemos lugar permanente y no nos serviría de nada conquistar el mundo entero, si perdiéramos nuestra alma.

Pobreza, castidad y obediencia se consideran los clásicos "consejos evangélicos". Es obvio que se trata de virtudes que no solo han de ponerse en práctica en el claustro. Cristo menciona la pobreza ya al inicio de las bienaventuranzas, como condición para entrar en el Reino de los Cielos; la necesidad de la castidad la afirma discreta pero inequívocamente con su palabra y con su ejemplo (basta pensar en su modo de equiparar la mirada libidinosa con el adulterio); pide una obediencia estricta a sus discípulos y la vive Él mismo. No solo obedece a su Padre celestial «hasta la muerte, y muerte de cruz» (Fil 2,8), sino que se somete a sus padres y respeta los mandatos justos de las autoridades.

Si hablamos de pobreza, castidad y obediencia como de "consejos", damos a entender que una persona se obliga a vivir esas virtudes de una forma determinada, más allá de lo que el Evangelio pide a todos: se renuncia a disponer de bienes propios, se obedece a unos superiores espirituales, se vive la castidad como continencia perfecta. No puede significar, en cambio, que a un cristiano que no se sienta llamado al convento, se le dispense de poner en práctica esas tres virtudes, además del amor a Dios y al prójimo, y de otras muchas actitudes, de las que es modelo y medida el mismo Jesucristo. ¿Cómo consigo que mi corazón no se apegue a los bienes de la tierra y no abandone al pobre en sus necesidades? (pobreza). ¿Cómo me comporto ante la autoridad, que ocupa el lugar de Dios, pero no es infalible al dar órdenes? (obediencia). ¿Cómo pongo orden en mi apetencia sexual y la mantengo a raya? (castidad).

Esta última pregunta incluye también, sobre todo para un cristiano joven, la opción del celibato, que cabe vivir en una de las tres formas principales que acabamos de esbozar. Es, en primer lugar, elemento distintivo del sacerdocio, que se mantiene como ley en la Iglesia latina, a pesar de algunas fluctuaciones históricas y de las protestas que se levantan periódicamente; es, además, característica fundamental de la vida religiosa; y existe finalmente como "celibato apostólico" en medio del mundo, tal como se vive por ejemplo en el Opus Dei, como una entrega total a Dios que incluye la renuncia al matrimonio por el Reino de los Cielos.

5. ¿QUÉ SIGNIFICA "POR EL REINO DE LOS CIELOS"?

Que el motivo decisivo para la elección del celibato cristiano sea el "Reino de los Cielos" nos lo dijo el mismo Jesús (cfr. Mt 19,12). Ha ilustrado de diferentes modos en qué consiste este Reino. Comienza anunciando que está cerca, y que requiere una conversión radical. Describe sus características en las parábolas y aclara que no se puede decir que está aquí o allá. Nos enseña, es cierto, a pedir al Padre que venga su Reino, pero aclara al mismo tiempo que está ya presente, pues es él quien lo trae: «Si yo expulso los demonios por el dedo de Dios, es que el Reino de Dios ha llegado a vosotros» (Lc 11,20).

En época reciente, la Teología ha intentado precisar con más exactitud qué significa "Reino de los Cielos" o "Reino de Dios". No cabe identificarlo simplemente con la Iglesia, como los Padres han hecho alguna vez; pero tampoco es posible separarlo de la Iglesia o incluso de Cristo, como determinados autores han propuesto en nuestros días. El resultado del esfuerzo de relacionar Iglesia y Reino de modo adecuado, fiel a los datos revelados, se encuentra en las afirmaciones del Concilio Vaticano II, que describe la Iglesia como "germen e inicio del Reino", "Reino presente en misterio" e instrumento o "sacramento" del Reino, del que se sirve el Redentor para prolongar la obra de nuestra salvación en la historia. La Iglesia reúne al Pueblo de Dios en el Reino de Cristo, quien, al final de los tiempos, lo entregará a su Padre.

Renunciar al matrimonio "por el Reino de los Cielos" ha de significar, por tanto, que alguien toma esta decisión para secundar de un modo particularmente cercano el crecimiento del Reino de Cristo, en vista de su consumación final, y contribuir así a que la Iglesia realice su misión. Como el cumplimiento de esa misión depende del grado real de santidad de la Iglesia terrena —que es, de algún modo, la suma de la santidad de sus miembros—, es de enorme importancia que cada cristiano esté unido a la Cabeza. El motivo de la decisión de vivir en celibato ha de ser, por tanto, el deseo de estar más cerca de Cristo, la ilusión de que Jesús reine completamente en mí por mi entrega de amor, y se extienda su reinado más eficazmente a otras almas. Esta ley fundamental —la certeza de que el sarmiento solo da fruto si está unido a la vid (cfr. Jn 15,1)— se insinúa en la vocación de los Apóstoles, cuando san Marcos escribe: «Constituyó a doce, para que estuvieran con él y para enviarlos a predicar, con potestad de expulsar a demonios» (Mc 3,14). Condición para poder ser enviado es "estar con él".

Quien abraza el celibato "por el Reino de los Cielos" lo hace para fortalecer e intensificar esa íntima unión con Cristo que le permite colaborar en la obra de la redención.

En el Juicio final el Rey dice a los que ha colocado a su derecha: «Venid, benditos de mi Padre, tomad posesión del Reino preparado para vosotros desde la creación del mundo» (Mt 25,34). La entrada en este Reino eterno está reservada, pues, a los que han servido a Jesús en sus hermanos más pequeños. El Cielo es premio por el amor al Hijo de Dios hecho carne, que de modo misterioso se ha unido con cada uno de los hombres.

Quien hace algo "por el Reino de los Cielos", lo hace —así podemos concluir— por amor a Cristo y a los hombres que el Señor quiere redimir. En Cristo se encuentra con Dios y es dirigido hacia su prójimo. Jesús, como verdadero Dios y verdadero hombre, es esencialmente Mediador, y ejerce su mediación de modo sacerdotal por el ofrecimiento del sacrificio de sí mismo. Reconcilia a la humanidad con Dios y restaura así el Reino de su Padre.

Elegir "por el Reino de los Cielos" la virginidad o el celibato significa, como acabamos de ver, dos cosas:

a) la ilusión de estar con Cristo, y así más cerca de Dios (anticipar algo del Reino definitivo); y

b) el deseo de acercar a otros más eficazmente a Cristo (ayudar a edificar el Reino en la tierra).

El celibato está al servicio de Cristo Mediador. Es esencialmente expresión de un anhelo sacerdotal: por la entrega total de uno mismo, el célibe pertenece exclusivamente a Dios y así lo lleva a los hombres, precisamente del mismo modo que el Señor eligió con su vida célibe. El celibato se presenta así como un elemento del sacrificio de la propia vida, al que san Pablo quiere conducir a todos los cristianos, pero que adquiere especial densidad cuando se renuncia al matrimonio:

«Os exhorto, por tanto, hermanos, por la misericordia de Dios, a que ofrezcáis vuestros cuerpos como ofrenda viva, santa, agradable a Dios: este es vuestro culto espiritual. Y no os amoldéis a este mundo, sino, por el contrario, transformaos con una renovación de la mente, para que podáis discernir cuál es la voluntad de Dios, qué es lo bueno, agradable y perfecto» (Rom 12,1 s.).

Quien por el Reino de los Cielos deja de lado la natural ilusión de tener un amor humano en la tierra, de fundar una familia y de llevar adelante a los propios hijos, se da cuenta, por una especial luz de Dios, que ese "no amoldarse al mundo" implica para él la renuncia al altísimo bien del matrimonio. Y renuncia, con todo lo que el matrimonio supone de promesas de felicidad y de plenitud, para ponerse sin condiciones a disposición de Cristo mediante un sacrificio continuado, como instrumento de su obra salvadora.

Con completa independencia de la forma de vida célibe que se elija —sacerdocio, vida consagrada o celibato apostólico en medio de la gente—, siempre se elige por amor a Dios y por amor a este mundo, que necesita ser salvado por Cristo; nunca es elegido por miedo a la sexualidad o menosprecio al matrimonio, sino porque se entiende que Cristo reclama el propio corazón de modo exclusivo y quiere conducir al célibe por el camino que él y su Santísima Madre han tomado para traer el Reino de Dios al mundo, y abrir al mundo al Reino de Dios.

Como enseña la bimilenaria experiencia de la Iglesia hasta nuestros días, el celibato es, en todas sus manifestaciones, una potente llamada a considerar el destino eterno del hombre.

Es también un impulso misterioso para darse cuenta de la cercanía de Dios, de su justicia y de su misericordia.

Y es también una señal de alarma para no ceder ante la tentación de un proyecto existencial completamente intramundano, y una invitación a saborear algo de las alegrías del mundo futuro.

Como celibato sacerdotal, facilita al ministro de Cristo una unión íntima con su Señor, que se traduce en una mayor disponibilidad para servir a las almas; en el caso de los religiosos, su misma forma de vida remite ya de por sí al más allá, a lo que se añaden tantas obras externas de caridad desinteresada; y el celibato apostólico —que es la forma menos espectacular de testimoniar el destino eterno del hombre— muestra, sin embargo, que el "mundo" no es solo peligro y tentación, sino que pide compasión y necesita ser redimido. Desde que entró el pecado, la creación «gime y sufre con dolores de parto hasta el momento presente» (Rom 8,22) y espera «ser liberada de la esclavitud de la corrupción para participar en la libertad gloriosa de los hijos de Dios» (Rom 8,19). De ahí la solemne declaración de san Pablo, que invita al compromiso secular cristiano, a cuyo servicio está el celibato apostólico:

> «Todas las cosas son vuestras: ya sea Pablo o Apolo o Cefas; ya sea el mundo, la vida o la muerte; ya sea lo presente o lo futuro; todas las cosas son vuestras, vosotros sois de Cristo, y Cristo de Dios» (1 Cor 3,21-23).

6. FRACASO POSIBLE Y REAL

LA ELECCIÓN DEL CELIBATO por el Reino de los Cielos, si realmente merece ser designado así, se basa en un motivo "sobrenatural" *stricto sensu*. Sin ser movido por la gracia, nadie podría asumir semejante elección y mantenerla luego en el tiempo. La palabra de Jesús se aplica literalmente: «Nadie puede venir a mí, si no le atrae el Padre que me ha enviado» (Jn 6,44).

Se trata de un levantarse del alma, atraída por los bienes invisibles, de un enamoramiento muy particular. Lo que anhela el hombre es un efectivo anticipo de Cielo: una íntima unión de amor con Dios, sin mediación humana, sin gratificación inmediata, sin ventajas terrenas.

Como es lógico, una motivación así no se percibe siempre con claridad. De ordinario la acompañarán motivos humanos, y es necesario un cierto discernimiento. Como la misma decisión de entrega a Dios ya es un don divino, hay que evitar que alguien, con toda su buena voluntad, se engañe. San Pablo pide, por un lado, una actitud de apertura para dejar que obre el Espíritu Santo: «No extingáis el Espíritu» (1 Ts 5,19). Por otro lado, añade enseguida: «Examinad todas las cosas, retened lo bueno» (1 Ts 5,21). Y san Juan nos dice: «Queridísimos, no creáis a cualquier espíritu, sino averiguad si los espíritus son de Dios» (1 Jn 4,1).

Como no sería agradable a Dios que alguien emprendiera el camino del celibato sin haber sido llamado a él, no es solo aconsejable, sino irrenunciable, cerciorarse del carácter sobrenatural del motivo. Este motivo solo puede existir si se encuadra dentro del deseo de santidad, del propósito firme de llevar una vida enteramente conforme a la voluntad de Dios. No es casualidad que, en la tradición espiritual de la Iglesia, el consejo evangélico de castidad suela ir de la mano de los otros dos (pobreza y obediencia), y se consideren necesarias muchas otras virtudes que el Evangelio no solo aconseja, sino exige. Elegir el celibato por motivos humanos —ahorrarse las inconveniencias de un matrimonio o tener más tiempo disponible para el trabajo científico o las propias aficiones—, sería una contraindicación absoluta para dar ese paso. Un cristiano puede querer vivir célibe por el Reino de los Cielos solo si lo hace por amor a Dios, anhelando con toda el alma los bienes imperecederos, aunque sea completamente consciente de su propia flaqueza.

El motivo ha de ser recto: sobrenatural. Pero no basta la sinceridad en la intención. La persona ha de ser idónea para emprender ese camino. Como la decisión por una vida célibe se toma de ordinario en un contexto eclesial —entrar en el seminario o en el noviciado de una orden, pedir la admisión en el Opus Dei, etc.—, la autoridad eclesiástica ha de intervenir de alguna manera, lo que contribuye decisivamente a discernir tanto el motivo como la idoneidad. La experiencia de la Iglesia prevé lógicamente plazos, que permitan al candidato examinarse a sí mismo, para llegar a la certeza moral de la propia vocación. Los directores espirituales experimentados siempre han aconsejado considerar esos tiempos —jurídicamente necesarios— no como una invitación a retrasar la decisión definitiva, sino a tomarla de modo incondicional de una vez para siempre. Si no procede de Dios, él mismo se ocupará de ponerlo de manifiesto. Es preferible, por ejemplo, que los aspirantes al sacerdocio entren en el seminario solo cuando se hayan decidido en firme a aspirar a la ordenación.

No se puede decir que una persona ha "fracasado" en su vocación, si en esos tiempos de prueba resulta que no tiene fuerzas para recorrer el camino propuesto. Puede hablarse de fracaso si alguien, de por sí capaz, se niega a aceptar las consecuencias de su decisión, y no lucha para ser fiel ni pone los medios que tiene a su alcance; si se sustrae a la ayuda de la gracia, que no le faltará si Dios realmente le llama. Con más motivo se puede hablar de fracaso (al menos en el plano objetivo) si una persona que se comprometió para siempre para vivir en celibato, abandona su vocación. Como es lógico, el juicio sobe esos casos corresponde en última instancia a Dios y solo a él.

Quien se plantea una entrega para siempre, no puede saber si será fiel (lo mismo sucede al contraer matrimonio). Es lógico que piense también en la posibilidad real del fracaso. Pero ha de considerar que Dios cuenta siempre con la libertad de sus criaturas y no se deja superar en generosidad, como demuestra la experiencia de los santos. Solo Dios sabe cuántas almas no han seguido su invitación por cobardía (disfrazada frecuentemente de humildad), cerrándose, por falta de esperanza en su misericordiosa omnipotencia, a la llamada de la gracia, que era lo suficientemente clara. El joven rico del Evangelio «se marchó triste, porque poseía muchos bienes» (Mc 10,22).

El problema no tiene solución. No hay "prueba" de la vocación. Solo indicios. Y nadie tiene garantía de que será fiel hasta el final. Solo cabe la apertura a la invitación divina y —después de haber aclarado, sin prisa, las cuestiones previas necesarias— el sí incondicional a la voluntad divina. Es importante no cuestionar la decisión tomada, pues «nadie que ha puesto la mano en el arado y mira hacia atrás, es apto para el Reino de Dios» (Lc 9,62). Quien es generoso, se fía de la enseñanza del Apóstol: «Los dones y la vocación de Dios son irrevocables» (Rom 11,29). El Señor no se contradice al otorgar sus gracias, y desea ardientemente dar a los suyos el galardón prometido: «Estoy convencido de que quien comenzó en vosotros la obra buena, la llevará a cabo hasta el día de Cristo Jesús» (Fil 1,6).

El hecho de que, a lo largo de los tiempos, no hayan sido pocos los que, habiendo recibido con gozo la palabra, no han perseverado y han permitido que los espinos ahogaran la semilla (cfr. Mt 13,3 ss.), puede ser motivo de vacilación y de incertidumbre, y frenar o incluso impedir una decisión generosa.

Quienes no reciben la llamada al celibato, pero están en contacto con personas en período de discernimiento, al observar que no pocos han sido incapaces de coronar la edificación comenzada (cfr. Lc 14,29 ss.), pueden adoptar tal vez una actitud escéptica. Es comprensible que los padres tiemblen, cuando se enteran de que el hijo o la hija están pensando en entregarse a Dios en una vida célibe. Es comprensible también —incluso es parte de su responsabilidad paterna— que les aconsejen prudencia y los pongan en guardia ante la precipitación de un entusiasmo inmaduro. Sería en cambio una pena que se opusieran, sin más, a una decisión de ese tipo, o la consideraran una desgracia. Para una persona con fe, una manifestación tan grande de la gracia divina solo puede ser ocasión de agradecimiento, pues es una bendición que alcanza a la familia entera. ¿No ha prometido Jesús a los que le siguen la vida eterna y además el "ciento por uno" en la tierra? Y si el hijo o la hija abandonara un día su vocación en celibato, ¿no podría fracasar también si su decisión fuera el matrimonio?

¿Qué podemos pensar de quienes culpablemente no perseveran en su vocación? Si su infidelidad —y no habrá más remedio que usar esa palabra— les ha llevado a volver la espalda completamente a Dios, será un dolor grande para quienes se enteren de lo sucedido. Un dolor que les llevará a desagraviar y a pedir a Dios que las haga volver a la casa paterna. La mayoría de las veces, lo que llamamos "fracaso" no implicará, sin embargo, un abandono de la fe y de la vida cristiana. Aunque alguien no haya correspondido a la vocación, Dios no le ha rechazado para siempre. El Padre celestial quiere la bienaventuranza de sus hijos. No les negará el perdón, si reconocen su culpa y se esfuerzan, en su nueva situación, para buscar de nuevo la santidad a la que Dios les sigue llamando: pues Jesús «no ha venido a llamar a los justos sino a los pecadores» (Mt 9,13).

Una señal de su gratitud será el empeño en que otros lleven a buen término lo que ellos no consiguieron.

7. «QUIEN SEA CAPAZ DE ENTENDER, QUE ENTIENDA»

Hemos de abordar ahora una cuestión que suele esquivarse, pero que necesita ser contestada.

¿Por qué debería decidirse por el celibato una persona que parece idónea? Si Dios se lo sugiere ¿en qué se fundamenta la superioridad de esa opción? ¿Acaso no cabe llevar una vida cristiana coherente también en el matrimonio?

Es doctrina católica innegable —más aún, es un dogma definido— que la renuncia al matrimonio por el Reino de los Cielos es objetivamente más perfecta. Rechazando la burla sobre las diversas formas de vida célibe por parte de los reformadores, el Concilio de Trento declaró: «Si alguno dijere que el estado conyugal debe anteponerse al estado de virginidad o de celibato, y que no es mejor y más perfecto permanecer en virginidad o celibato que unirse en matrimonio [cf. Mt. 19, 11 s; 1 Cor. 7, 25 s, 38 y 40], sea anatema» (DH 1810).

Esta doctrina antiquísima, profundamente enraizada en toda la tradición patrística, ha sido propuesta por el Magisterio una y otra vez hasta nuestros días, con particular nitidez por Pío XII en la Encíclica *Sacra virginitas* (1954), a la que remite también el Concilio Vaticano II. El Papa se opone en este documento a la teoría de algunos autores católicos, que opinaban que el matrimonio cristiano, siendo sacramento, debería ser mejor medio de santificación que la virginidad, que no es sacramento.

Vale la pena repasar su razonamiento. Reconoce, lógicamente, que el sacramento del matrimonio es fuente de gracia y refuerza el vínculo entre los cónyuges, pero añade que

> «no fue instituido para convertir el uso matrimonial como en un instrumento de suyo más apto para unir con Dios mismo las almas de los esposos por el vínculo de la caridad. ¿No reconoce más bien el Apóstol Pablo a los esposos el derecho de abstenerse temporalmente del uso del matrimonio para vacar a la oración [1 Cor. 7, 5], justamente porque esa abstención hace más libre al alma que quiera entregarse a las cosas celestes y a la oración a Dios?. Finalmente, no puede afirmarse, como hacen algunos, que "la mutua ayuda" [cf. CIC, Can 1013] que los esposos buscan en las nupcias cristianas sea un auxilio más perfecto que la soledad, como dicen, del corazón de las vírgenes y de los célibes, para alcanzar la propia santificación. Porque, si bien es cierto que todos los que han abrazado la profesión de perfecta castidad, han renunciado a ese amor humano; sin embargo, no por eso puede afirmarse que, por efecto de esa misma renuncia suya, hayan como rebajado y despojado su personalidad humana. Estos, en efecto, reciben del Dador mismo de los dones celestes algo espiritual que supera inmensamente aquella "mutua ayuda" que entre sí se procuran los esposos» (DH 3911 s.).

Hay que reconocer que el dogma tridentino no ha sido expuesto por el Vaticano II con el mismo énfasis con que lo había recordado Pío XII. Pero ninguna afirmación del Concilio, como es lógico, lo contradice, y en sus documentos se subraya varias veces el particular valor del carisma de la virginidad. Así se lee en la Constitución dogmática sobre la Iglesia, al hablar de los consejos evangélicos:

> «Entre ellos destaca el precioso don de la divina gracia, concedido a algunos por el Padre (cfr. Mt 19,11; 1 Cor 7,7) para que se consagren solo a Dios con un corazón que en la virginidad o en el celibato se mantiene más fácilmente indiviso (cfr. 1 Cor 7,32-34). Esta perfecta continencia por el reino de los cielos siempre ha sido tenida en la más alta estima por la Iglesia, como señal y estímulo de la caridad y como un manantial extraordinario de espiritual fecundidad en el mundo» (*Lumen gentium,* 42).

En el Decreto sobre la formación sacerdotal leemos:

> «Los alumnos han de conocer debidamente las obligaciones y la dignidad del matrimonio cristiano, que simboliza el amor entre Cristo y la Iglesia (cfr. Ef 5,32 s.); convénzanse, sin embargo, de la mayor excelencia de la virginidad consagrada a Cristo (cfr. Pío XII, Enc. *Sacra virginitas*), de forma que se entreguen generosamente al Señor, después de una elección seriamente premeditada y con entrega total de cuerpo y alma» (*Optatam totius,* 10).

Además, el Decreto sobre la adecuada renovación de la vida religiosa dice:

> «La castidad por el Reino de los cielos (Mt 19,12) que profesan los religiosos, debe ser estimada como un singular don de la gracia. Ella libera de modo especial el corazón del hombre para que se inflame más en el amor a Dios y a todos los hombres» (*Perfectae caritatis,* 12).

La enseñanza del último Concilio sobre la llamada universal a la santidad ha tenido como consecuencia que cada vez se pone más de manifiesto que el matrimonio es camino hacia la perfección cristiana. Ya hemos mencionado el mensaje de san Josemaría, "revolucionario" también en este punto. Después, en muchas catequesis, san Juan Pablo II ha desarrollado su "Teología del cuerpo", abriendo nuevas perspectivas de la vocación del ser humano al amor, que puede realizarse tanto en el matrimonio como en la virginidad *propter regnum caelorum*". Con plena conciencia de la superioridad del celibato, se esfuerza por dar una explicación de por qué esa convicción de nuestra fe no implica minusvalorar el matrimonio. Resulta clarificador releer el n. 16 de la Carta Apostólica *Familiaris consortio* (1981):

«La virginidad y el celibato por el Reino de Dios no solo no contradicen la dignidad del matrimonio, sino que la presuponen y la confirman. El matrimonio y la virginidad son dos modos de expresar y de vivir el único Misterio de la Alianza de Dios con su pueblo. Cuando no se estima el matrimonio, no puede existir tampoco la virginidad consagrada; cuando la sexualidad humana no se considera un gran valor donado por el Creador, pierde significado la renuncia por el Reino de los cielos. En efecto, dice acertadamente San Juan Crisóstomo: "Quien condena el matrimonio, priva también la virginidad de su gloria; en cambio, quien lo alaba, hace la virginidad más admirable y luminosa. Lo que aparece un bien solamente en comparación con un mal, no es un gran bien; pero lo que es mejor aún que bienes por todos considerados tales, es ciertamente un bien en grado superlativo" (*La Virginidad*). Haciendo libre de modo especial el corazón del hombre (cfr. 1 Cor 7,32), "hasta encenderlo mayormente de caridad hacia

Dios y hacia todos los hombres" (*Perfectae caritatis,* 12), la virginidad testimonia que el Reino de Dios y su justicia son la perla preciosa que se debe preferir a cualquier otro valor, aunque sea grande, es más, que hay que buscarlo como el único valor definitivo. Por esto, la Iglesia, durante toda su historia, ha defendido siempre la superioridad de este carisma frente al del matrimonio, por razón del vínculo singular que tiene con el Reino de Dios (cfr. Pío XII, *Sacra virginitas*). Aun habiendo renunciado a la fecundidad física, la persona virgen se hace espiritualmente fecunda, padre y madre de muchos, cooperando a la realización de la familia según el designio de Dios».

San Juan Pablo II ha hecho ver, con profundidad, que matrimonio y virginidad son las dos realizaciones de la vocación del ser humano al amor. Subraya también que la fidelidad de los célibes es ejemplo para los casados, y que la fidelidad de los casados es a su vez apoyo para los que viven el celibato. El papa Francisco conecta con esas ideas subrayando la "complementariedad" de matrimonio y virginidad. También a él le preocupa que el matrimonio pueda ser considerado como algo "inferior", por lo que escribe en *Amoris laetitia* (2016):

«Más que hablar de la superioridad de la virginidad en todo sentido, parece adecuado mostrar que los distintos estados de vida se complementan, de tal manera que uno puede ser más perfecto en algún sentido y otro puede serlo desde otro punto de vista» (n. 159).

Como esas breves consideraciones se refieren al celibato solo de modo marginal, el papa parece no tener presente que hay también un modo secular de vivirlo, que no es expresión de una consagración religiosa, y así ve su valor solamente dentro del "estado de perfección", donde se combina con los votos de pobreza y obediencia. No se plantea los motivos de un celibato apostólico en medio del mundo ni se ve obligado a citar el dogma de Trento. Sin embargo, de modo indirecto sí confirma la razón propia de la vida célibe, cuando muy acertadamente pone de manifiesto que quedaría despojada de su sentido cuando no se elige por motivos sobrenaturales o no es sostenida por el amor a Dios. Así escribe en *Amoris laetitia*:

> «El celibato corre el peligro de ser una cómoda soledad, que da libertad para moverse con autonomía, para cambiar de lugares, de tareas y de opciones, para disponer del propio dinero, para frecuentar personas diversas según la atracción del momento. En ese caso, resplandece el testimonio de las personas casadas. Quienes han sido llamados a la virginidad pueden encontrar en algunos matrimonios un signo claro de la generosa e inquebrantable fidelidad de Dios a su Alianza, que estimule sus corazones a una disponibilidad más concreta y oblativa» (n. 162).

Solo cabe asentir plenamente a esas afirmaciones. Constituyen una severa admonición a los que han optado por una vida célibe, a que mantengan siempre viva su entrega, pues perdería su sentido si se le quitara el fundamento: el amor indiscutido a Dios y al prójimo.

Como es lógico, cada fiel ha de esforzarse en corresponder cada día con renovado afán a las gracias que recibe. Que esto se dé tantas veces de modo deficiente —y nadie puede decir que su respuesta a la llamada de Dios es siempre plena—, no ha de llevar a considerar el celibato una forma raquítica del amor humano, y a negar su valor esencial para la vida de la

Iglesia. Que no todos los matrimonios se desarrollen de modo ideal, no justifica la condena de la institución matrimonial como tal.

El redescubrimiento de la vocación a la santidad en el mundo y, con ella, de la llamada a la santidad en el matrimonio, han suscitado en nuestros días nuevas preguntas. Se entiende que esas dos verdades suponen un desafío para la autocomprensión de la vida religiosa, pues no cabe seguir aduciendo como motivo para "dejar el mundo" que el sacerdocio y la vida religiosa sean necesarios para llegar a la santidad (argumento sencillo, pero desde siempre erróneo); y es lógico también que tarde o temprano la "elevación" del matrimonio a vocación divina haga preguntarse al laico llamado al celibato apostólico: ¿Qué gano con renunciar al matrimonio, si también como persona casada puedo vivir de lleno las exigencias del amor de Dios? ¿Para qué dejar de lado un valor humano tan grande, necesario para la subsistencia de la humanidad, profundamente enraizado en las inclinaciones de nuestra naturaleza y además irrenunciable para el desarrollo del Reino de los Cielos, ya que contribuye al "crecimiento corporal" de la Iglesia?

Una respuesta sencilla y pragmática consiste en decir —y es verdad— que la persona soltera queda de por sí más disponible para dedicarse a los asuntos de la Iglesia y, en general, para ocuparse de las necesidades del prójimo y del bien común. Ya se ha mencionado que difícilmente los discípulos de Cristo le podrían haber acompañado con sus mujeres y sus hijos. No hay ningún vicario general en el mundo, conocedor de la situación de la Iglesia bizantina, que quiera abolir el celibato sacerdotal, porque sabe que entonces se multiplicarían los problemas que el clero le causa a su obispo. Las monjas que se gastan en la atención de los enfermos y no calculan las horas extra son una ganancia para cualquier hospital. El sacerdote que está en todo momento al servicio de sus fieles, porque no ha de ocuparse de su familia, supone una clara ventaja pastoral. ¿Pero es suficiente este argumento utilitarista?

La evangelización de la Iglesia en sus inicios probablemente no hubiera ido más allá de los confines del Oriente Medio sin los misioneros célibes. Los pueblos germánicos no hubieran encontrado el camino hacia el bautismo sin la actividad audaz y perseverante de los monjes. Sin sus Numerarios y Agregados, el Opus Dei no se hubiera expandido por los cinco continentes. Pero ¿es eso todo?

El celibato por el Reino de los Cielos tiene ciertamente esa *dimensión práctica*: la de facilitar la extensión del Reino de Dios en la tierra. Pero esta dimensión no puede ser la única, y tampoco la primera. Se puede dar tantas vueltas al asunto como se quiera, pero no cabe pasar por alto que virginidad y celibato por amor de Dios tienen también una *dimensión mística*. Recordemos lo que decía san Pablo a los de Corinto. Le gustaría que el don del celibato que él mismo ha recibido de Dios, le fuera otorgado también a muchos otros, porque, sin ser necesario para el amor de Dios, sin duda lo facilita y lo fomenta. Capacita al hombre o a la mujer a servir a Dios "sin el corazón dividido". Compensa citar de nuevo sus palabras:

> «El que no está casado se preocupa de las cosas del Señor, de cómo agradar al Señor; el casado se preocupa de las cosas del mundo, de cómo agradar a su mujer, y está

dividido. La mujer no casada y la virgen se ocupan de las cosas del Señor, para ser santas en el cuerpo y en el espíritu; la casada, sin embargo, se preocupa de las cosas del mundo, de cómo agradar a su marido. Os digo esto solo para vuestro provecho, no para tenderos un lazo, sino en atención a lo que es más noble y al trato con el Señor, sin otras distracciones» (1 Cor 7,32b-35).

La continencia por el Reino de los Cielos —como virginidad, celibato o voluntaria viudez— es particularmente agradable a Dios, porque facilita y asegura objetivamente una mayor intimidad con Él. Es innegable —y san Pablo insiste en este punto— que lo mejor para cada persona es conocer y seguir el plan concreto que Dios tiene para ella: «Cada cual tiene de Dios su propio don, uno de una manera, otro de otra» (1 Cor 7,7). El matrimonio es un carisma, y el celibato es un carisma, y cada uno debe abrirse a la gracia que el Espíritu Santo, que «sopla donde quiere» (Jn 3,8), le digne asignar. Siempre se trata de corresponder a la propia vocación. Esto es lo decisivo para cada uno. En el orden objetivo, sin embargo, la gracia del celibato es superior al carisma del matrimonio. Al hombre no le es lícito tomarlo por su cuenta. Lo ha de recibir desde arriba. Y si recibe esa bendición de Dios, se trata de un favor, de una extraordinaria prueba de la misericordia divina. Un alma encuentra el tesoro escondido en el campo, y en su alegría va y vende todo cuanto tiene y compra aquel campo (cfr. Mt 13,44 f.). Vale la pena entregar todo lo demás, para adquirir la perla preciosa (cfr. Mt 13,55). Esas dos parábolas —las más breves que nos ha dejado Jesús— no hablan de modo directo de la virginidad, pero hablan del Reino de los Cielos que comienza ya aquí en la tierra.

Quizá no estamos, sin embargo, del todo contentos con la respuesta. ¿No revelan los desafíos, deberes y preocupaciones de la vida matrimonial y familiar la voluntad de nuestro Padre del Cielo? ¿No basta, para llegar a la santidad, aceptar todo eso heroicamente y con garbo? ¿No es verdad que se puede corresponder en cada estado y en cada situación al amor de Dios de todo corazón?

Se puede.

Y la prueba la ofrece de modo sencillo la misma Sagrada Escritura: «No todo el que me dice: "Señor; Señor", entrará en el Reino de los Cielos, sino el que hace la voluntad de mi Padre, que está en los cielos» (Mt 7,21). Y san Pablo ha escrito: «Tanto si coméis, como si bebéis, o hacéis cualquier otra cosa, hacedlo todo para gloria de Dios» (1 Cor 10,31).

Más aún. Se podrá decir que los retos del matrimonio y de la familia —piénsese en la disponibilidad plena de tener una familia numerosa, con los mil problemas que lleva consigo— son mucho más grandes que los que comportan, para una persona "single", la profesión y el empeño social. Por eso, el padre de familia puede ser más santo que su párroco. Pero lo tiene más difícil, porque el amor a su esposa y a sus hijos requiere un empeño que no pocas veces le obligará a prescindir de los momentos deseados de estar a solas con Dios, o de renunciar a algún medio de formación religiosa que le sería de provecho para adelantar en su camino de cristiano. Quien no se casa por amor de Dios, está más cerca del Reino de los Cielos. Ha dado su corazón completamente a Dios, puede gozar más fácilmente de su cercanía, y desde el Corazón de Cristo puede servir a los demás con todas sus energías y capacidades.

«Quien es capaz de entender, que entienda» (Mt 19,32). Así contesta el mismo Jesús a nuestra pregunta y espera la respuesta de los suyos. "Entender" la virginidad y el celibato significa, por un lado, darse cuenta de su dignidad objetiva (cosa que debería ser posible a todo cristiano); y "entender" significa, por otro lado, captar que el Señor me llama concretamente a mí a ir por este camino, de modo que mi renuncia alegre y constantemente renovada me capacite para amarle "con el corazón indiviso" poniéndome por completo a su servicio.

Esa llamada —es innecesario repetirlo— no me hace mejor que los que Dios lleva por otros senderos. La santidad no depende de este carisma o de aquel, sino del amor de Dios transformado en obras. En obras que edifican la Iglesia.

Para el crecimiento del Reino de Dios son necesarios no solo hombres y mujeres que le sirven en el matrimonio, sino también algunos —y san Pablo nos dice que conviene que sean muchos— que se muestren completamente disponibles para su misión, porque su corazón es enteramente de Cristo.

En ellos se unen íntimamente la dimensión práctica con la dimensión mística del celibato por el Reino de los Cielos.

ESTE LIBRO, PUBLICADO POR
EDICIONES RIALP, S. A.,
MANUEL URIBE 13-15, 28033 MADRID,
SE TERMINÓ DE IMPRIMIR EN
ANZOS, S. L. FUENLABRADA (MADRID),
EL DÍA 21 DE MARZO DE 2024.